б SS 1984

LETTRES

DE MM.

ANOT DE MAIZIÈRES ET PAGEOT.

PRIX : 5 Centimes.

A METZ,

Chez **PALLEZ** et **ROUSSEAU**,

Imprimeurs-Libraires.

1851.

M. ANOT DE MAIZIÈRES, l'un des fondateurs du journal le siècle avec **M. CHAMBOLLE,** et passé avec celui-ci à la rédaction du journal l'Ordre, vient d'adresser à son ancien collaborateur la lettre suivante :

A. M. CHAMBOLLE,

Représentant du peuple et Rédacteur en chef du journal l'Ordre.

» Après avoir pris part, sous votre courtoise et amicale direction, à la rédaction du *Siècle,* et depuis à celle de l'*Ordre,* je me vois, avec un vif regret, obligé de renoncer à une communauté de travaux où, pour le moment, nous avons cessé d'être pleinement d'accord.

» Mais, en me séparant de vous, je sens que c'est un devoir de vous donner les raisons de ma retraite, et ces raisons les voici :

» Vous semblez croire possible et désirable une restauration de la monarchie de juillet, et il m'est démontré, à moi, qu'un tel but ne doit pas être poursuivi et qu'il ne peut être atteint.

» Si le rétablissement de la monarchie

en France est une chose à tenter, il ne faut y travailler, suivant moi, que par une fusion des deux familles royales qui amènerait celle des partis.

» Le moment est venu de traiter une question aussi grave, et que de redoutables événements peuvent, d'un moment à l'autre, mettre à l'ordre du jour, car le calme actuel de la France et de l'Europe me paraît être le calme qui précède l'orage.

» ....

» Ne nous faisons point illusion sur notre position.

» A l'intérieur, les deux grands pouvoirs de l'Etat sont en guerre, notre armée est placée entre deux influences, dont l'une lui crie : *Vive l'Empereur !* et l'autre : *Respect à l'Assemblée !* Et en même temps qu'on pousse nos soldats à la révolte, on pousse nos ouvriers aux émeutes socialistes. Nous devons, en outre, sept milliards, notre dette flottante est de six cents millions, les déficits du budget s'accroissent chaque année ; à la première commotion, une banqueroute *est inévitable.*

» Au dehors, nos anciennes alliances avec Naples, la Belgique, l'Espagne, la Turquie et les petits Etats de l'Allemagne sont rompues par la chute politique de cette maison de Bourbon qui les avait formées, et les deux puissances qui détestent le plus notre révolution, la Prusse et l'Autriche, viennent de reprendre en Italie, en Hongrie, en Allemagne, une position deux fois plus forte que celle qu'elles avaient jadis, et, à supposer qu'elles ne nous fassent pas la guerre, il est certain, du moins, qu'elles vont former autour de nous un blocus qui ruinera notre influence diplomatique et notre commerce extérieur, en nous tenant dans une continuelle inquiétude.

» Humiliation, anarchie, dettes, périls, voilà notre état présent. Ainsi, en présence des ennemis de l'intérieur et du dehors, nous ne pouvons désarmer, et, si nous maintenons nos armements, nous nous ruinons. Il faut donc aviser à nous tirer de là. Une chose me paraît visible, c'est que nul parti n'est, à *lui seul*, en mesure de nous sauver ; c'est qu'une fusion entre tous les amis de l'ordre est souhaitable, avant les mauvais jours qui sont si près de nous. L'Elysée ne peut rien sans l'armée, qui a refusé de le suivre ; le parti d'Orléans ne peut rien sans l'Assemblée, où il vient de reconnaître qu'il est en faible minorité; le parti légitimiste est impopulaire, parce qu'on le suppose hostile aux principes de 89, que la nation ne veut et ne peut abandonner; enfin, le parti Cavaignac, parti honnête qui sauverait la République si la République pouvait être sauvée, a contre lui tous les royalistes et presque tous les républicains.

» Qui ramènera vers un point commun toutes ces forces divergentes? qui donnera l'exemple et le signal des concessions? Le comte de Chambord nous paraît avoir compris, comme son aïeul Henri IV, que c'était à lui à entrer le premier dans la voie de la réconciliation, car, en se plaçant comme il l'a fait, sur le terrain du droit national, véritable base du droit monarchique, il a choisi un lieu de rendez-vous que les orléanistes et ceux des républicains *qui ne veulent que la liberté,* peuvent accepter avec honneur; il a montré que s'il savait *aimer* son pays il savait aussi le *respecter,* qu'il ne voulait régner qu'avec les idées et les hommes de son époque; aux membres de sa famille, il a dit: Affection fraternelle; aux républicains, il a dit: Libertés publiques; à la France entière il a dit : **Dignité au dehors et repos au dedans.**

» **Soyons francs.**

» Avec lui, que perdons-nous ? Nous perdons les vaines espérances d'une république dont nous n'avons pas la réalité ; et en échange de ces mensonges, que recouvrons-nous ? Nous recouvrons les seuls biens qui soient vraiment précieux, la liberté modérée, qui préserve de l'anarchie ; le repos, qui seul rend possibles les travaux de l'industrie et du commerce ; le crédit, qui est l'âme des affaires, et enfin la confiance de l'Europe, ce qui nous permet de réduire notre armée et les dépenses qu'elle nous impose.

« Lui régnant, notre famille royale réconciliée, accrue et raffermie, reprend son rang en Europe, où elle nous rend nos alliances ; et s'il désavoue son entourage, le président actuel de la République, se rattachant à elle par une parenté de gloire, obtient en France une position analogue à celle du prince Eugène en Russie. Nous doutons que le parti élyséen puisse lui garantir une aussi belle destinée.

» Le comte de Chambord régnant, les grandes positions sociales conquises par d'éminents services rendus à l'État, par

de grands travaux scientifiques ou litté-
raires, par de grandes améliorations in-
dustrielles se groupent autour de son trône
auquel elles donnent un appui utile en
même temps qu'elles deviennent, par l'é-
mulation qu'elles inspirent, un principe
d'activité dans le sein de la nation entière.

» Sous le règne du comte de Chambord,
l'Etat et les particuliers, redevenus plus
confians dans l'avenir, et par conséquent
plus libres dans leurs dépenses, se remet-
tent à encourager les arts qui appellent de
riches étrangers en France, et qui, par
là, accroissent notre fortune, notre influence et la gloire de nos artistes aujour-
d'hui si délaissés.

» Par la même raison, la littérature,
dont les progrès sont ceux de la civilisation
même, reprend ses travaux interrompus.
Enfin, l'Europe monarchique, que nous
cessons d'inquiéter, renonce à prendre contre nous des précautions qui nous forcent
d'en prendre contre elle et qui nous rui-
nent.

» Alors, mais seulement alors, la paix
qui devient assurée porte ses fruits, alors
et seulement alors, les grands principes de
89 deviennent applicables, car il n'y a
qu'un pouvoir fort qui puisse supporter le

régime de la liberté. Les chênes qui résistent le mieux aux orages sont ceux qui plongent à une plus grande profondeur leurs racines séculaires.

» A qui donc nuirait le changement que nos vœux appellent? A un seul parti, au parti des démagogues, lequel, en 70 ans, nous a coûté 7 milliards absorbés par les frais des révolutions qu'il nous a suscitées, au parti qui, après avoir versé des flots de sang, ne nous a laissé ni une conquête, ni une institution, ni une alliance qui nous paie de nos malheurs, et qui n'a fait que dénaturer, en y touchant, la grande œuvre de la première Assemblée constituante.

» Que la monarchie elle-même ait parfois failli, ce n'est pas nous qui le nierons, nous, hommes de l'opposition, et qui l'avons tant de fois avertie; mais, comme institution, est-elle responsable des erreurs des monarques et de leurs ministres? En somme, n'a-t-elle pas été parmi nous modérée et nationale? Sans remonter bien haut, ne lui devons-nous pas, sous Louis XVI, l'émancipation de ces Etats-Unis qui, pour jamais, a enlevé à l'Angleterre la domination des mers? Ne lui devons-nous pas, sous Louis XVIII, l'établissement du gouvernement représentatif? Ne lui devons-nous pas, sous Charles X, la magnifique conquête de l'Algérie? Ne lui devons-nous pas les dix-huit années de prospérité matérielle que nous a données le règne de Louis-Philippe? Est-il sensé, d'ailleurs, est-il juste d'imposer la peine des erreurs commises autrefois au petit-fils de Charles X et au petit-fils de Louis-Philippe? L'un et l'autre ne peuvent-ils pas dire, comme l'agneau de la Fable :

« Comment l'aurais-je fait, si je n'étais pas né?

» Le malheur des temps les a mis tous deux dans des conditions de sagesse politique admirables : exilés, ils ont été moins flattés ; instruits à l'école de l'infortune, ils ont eu ainsi la meilleure des éducations ; témoins de nos troubles sans y avoir pris part, ils les jugeront avec plus d'impartialité.

» Pour ne pas être trompé, comme l'a été son aïeul, le comte de Chambord a été admirablement servi par les événements; il n'a *point d'amis;* ni le clergé, ni la noblesse n'ont émigré avec lui, comme avec

Charles X; s'il rentre en France, il ne de-vra donc son retour ni à une Vendée, ni à une armée de Condé, ni à une coalition de rois étrangers; il n'en sera redevable qu'à la France, qui, par conséquent, aura seule droit à sa reconnaissance.

» Il n'a pas non plus d'injures à res-sentir ou de vengeances à redouter; per-sonne ne l'a offensé, il n'a offensé per-sonne.

» Il aurait plus que tout autre une au-torité forte et solide, car il serait pour les uns l'héritier légitime de la couronne, et il serait pour les autres un principe d'ordre utile à la liberté même et adopté par la nation.

» Sa politique ne pourrait être exclu-sive, car en demandant, comme il l'a fait, le concours de tous les membres de sa fa-mille, il promet sa bienveillance aux ser-viteurs et aux amis d'une maison redevenue la sienne.

» Supposer qu'il prendra pour guide la portion fanatique du parti légitimiste, c'est supposer qu'il n'écoutera que ces aveugles et ces insensés qui ont causé tous les mal-heurs de sa famille et les siens, c'est ou-blier que son manifeste annonce des vues tout opposées, c'est oublier qu'il ne prend conseil que des hommes les plus éclairés et les plus parlementaires.

» Nous ne l'ignorons pas pourtant ; par de bons esprits et de nobles cœurs d'autres solutions ont été proposées.

» Examinons-les successivement, à commencer par celle qui a pour but le rétablissement de la royauté de juillet.

» Qui ne voit que, née d'une insurrection, cette royauté a été tuée par une autre insurrection, et que, même à la supposer sortie d'un vote parlementaire, il ne serait pas possible, de soutenir que ce vote nous lie aujourd'hui et qu'il exclut toute prétention fondée sur le passé ou sur un vote ultérieur ; non, une idée pareille ne peut venir à personne ; autant vaudrait nous dire liés par le sénatus-consulte de 1804, qui a créé l'Empire.

» Invoquer le droit héréditaire du comte de Paris, tout en niant celui du comte de Chambord comme vaincu par le temps, c'est autoriser l'Elysée, qui est plus jeune encore, à nier l'un et l'autre.

» Retrancher le comte de Chambord de la famille de Bourbon dont il est le chef, c'est décapiter le principe même qu'on invoque, c'est dire que les d'Orléans ne sont rien de plus que les autres français.

» Et puis, serait-il bien aux princes d'Orléans de nier aujourd'hui le droit du comte de Chambord, dont certainement ils se prévaudraient demain, si ce prince venait à mourir? Peuvent-ils se poser tout à la fois comme héritiers de la royauté de Louis XIV? Eh quoi! en se tournant vers le chef de leur maison, ils lui diraient: « Nous sommes les élus de 1830. » Puis, se tournant vers l'élu du 10 décembre, ils lui diraient: « Nous sommes les héritiers de la royauté légitime! » Peuvent-ils se réserver ainsi le bénéfice d'une double éventualité par un double mensonge? Serait-ce là de la franchise? Serait-ce là de la dignité?

» Les d'Orléans prouveraient en acceptant ce rôle de Janus, qu'ils ne sont préoccupés que de leur intérêt personnel, et qu'il sont indifférents à celui de la France.

» Or, ils doivent le comprendre, il ne s'agit pas d'eux seulement et de leur cousin, il s'agit de la France. La question qui nous occupe est avant tout une question nationale.

» Une seconde solution, c'est la candidature du prince de Joinville à la présidence de la République.

» Mais faire à ce prince une offre semblable, n'est-ce pas lui demander, s'il l'accepte sincèrement, de trahir les intérêts monarchiques de sa famille? ou s'il médite une restauration monarchique, n'est-ce pas lui demander de trahir les républicains qui se confieront à sa loyauté? N'est-ce pas lui proposer en un mot, de cesser d'être prince ou de cesser d'être honnête homme?

Il y a une troisième combinaison, c'est la prolongation des pouvoirs du président actuel.

» Mais qui ne voit que prolonger l'état où nous sommes, c'est nous condamner à vivre au milieu des crises et des craintes de coups d'Etat? C'est nous condamner à l'inaction, et à la misère qui en est la suite; c'est nous condamner à déchoir de notre rang en Europe, et à souffrir toujours ce qui dès aujourd'hui est devenu intolérable?

» Quant à redemander l'empire, comment y penser? Qu'était-ce donc que le régime impérial avec son sénat impotent, son corps législatif muet, ses commissions militaires remplaçant les tribunaux, ses confiscations, sa censure, ses conscriptions homicides, son blocus continental, ses attentats de Vincennes, de Fontainebleau et de Bayonne, sinon un détestable gouvernement que pouvait absoudre à peine le génie d'un grand homme qui n'est plus ?

» Poser enfin la candidature de Cavaignac, c'est admettre qu'après avoir échoué avec tous les moyens de succès, il peut réussir, en dépit de tous les obstacles, à fonder parmi nous une République.

» Il est donc sage de préférer à toutes ces combinaisons, qui sont toutes exclusives, celle qui prend quelque chose à chacune d'elles, qui donne au comte de Chambord la couronne, aux d'Orléans l'éventualité de son héritage, aux républicains le gouvernement parlementaire, au parti impérialiste une indemnité pour la perte de ses dotations, et à la nation le repos à l'intérieur avec des alliances au dehors.

» Une telle idée est *simple*, elle peut donc être offerte aux masses qui ne se passionnent jamais que pour ce qu'elles comprennent parfaitement.

Elle est *morale*, car, si elle demande à tous des sacrifices, à tous aussi elle accorde le prix de ces sacrifices.

» **Elle** est *nationale,* car elle prend l'intérêt général pour régle, sans permettre à un parti l'orgueil de la victoire, et sans condamner les autres à l'humiliation d'une défaite.

» **Elle** est *praticable,* car une fois qu'elle aura fait son chemin par la presse, par les pétitions, par les vœux des municipalités, et par les discussions qui, dans deux mois, vont s'ouvrir à l'Assemblée, sa force sera *irrésistible;* et quand tout le monde veut une chose, cette chose se fait, et même elle se fait sans violence.

» A la première élection présidentielle, il suffira d'avoir un nom qui, sans blesser la loi, manifeste la volonté de la France.

» **Jusque-là,** l'unique souci, pour nous, ce doit être de prouver que nous avons raison, et les évènements ont déjà commencé la démonstration.

» **Il** nous reste à présenter une dernière considération.

« Les hommes d'Etat estiment peu la politique de sentiment ; ils nient la puissance morale, parce que dans les hautes régions où ils vivent, ils voient que tout se meut par d'autres ressorts ; mais, en réalité, la vraie puissance est celle du cœur, et il est sage de parler à celui du peuple. Depuis qu'il est tout, le levier des gouvernements doit changer son point d'appui. Eh bien ! ce serait un touchant et noble spectacle à promettre au peuple que celui de la réconciliation de nos familles royales, victimes comme lui de nos révolutions, jetées par une double tempête sur le rivage étranger, et qui ne reviendront de l'exil, où elles ont laissé des tombeaux, qu'en ramenant parmi nous des orphelins.

» Oui, le peuple verrait avec joie qu'une consolation dernière fut laissée à cette fille de Louis XVI qui lui est présentée comme un enseignement du peu que valent ces grandeurs qu'on lui a fait envier, à cette femme dont le passage sur la terre, du berceau à la tombe, n'aura été qu'une longue série d'épreuves ; qui, survivant à son père, à sa mère, à sa tante décapités, à son frère empoisonné, à son neveu poignardé, à son époux mort dans l'exil, semble avoir eu à porter le plus lourd fardeau de douleurs qui se soit jamais appesanti sur une tête humaine ; oui, à cette femme qui a souffert toutes ses souffrances avec la dignité d'une grande reine et la résignation d'une chrétienne, il voudrait qu'on accordât le bonheur de revoir en-core la France avant de mourir, et de venir pleurer chez les siens, s'il lui reste des larmes.

» Partie d'une rive opposée, tenant aussi à la main un autre orphelin, la veuve de Louis-Philippe serait également un ob-jet de respect pour le peuple, qui ne con-naît d'elle que ses vertus et ses bienfaits, et qui espérait la retrouver dans ses enfants.

Oui, nous nous trompons beaucoup, ou la réconciliation des deux familles royales amènerait celle des partis honnêtes qui ont combattu pour elles ;

» Oui, nous nous trompons beaucoup encore, ou le rétablissement du bon ac-cord entre tous les amis de l'ordre ôterait aux démagogues et aux étrangers la pensée de troubler la France qui aurait recouvré la libre disposition de ses armées et de sa fortune. Oui, le peuple serait heureux d'un acte de justice qui serait son ouvrage et qui le consolerait de sa souveraineté.

Anot de Maizières. »

M. PAGEOT, ancien ministre plénipotentiaire de Louis-Philippe, aux États-Unis, a écrit au rédacteur en chef du **Journal des Débats**, la lettre suivante :

« Paris, 11 mars 1851.

» Monsieur,

» Persuadé que tout abonné d'un journal est solidaire, dans une certaine mesure, de la politique que ce journal professe, je vous prie de ne plus me compter, à dater de ce jour, au nombre de vos abonnés.

» Vous devinerez facilement que l'article du *Journal des Débats* de ce matin sur la fusion est la cause de cette détermination. Je ne puis consentir à m'associer à une politique qui aura pour résultat d'éterniser les divisions au sein des partis monarchiques et de tromper la France en lui laissant croire qu'elle pourra librement choisir, à un jour donné, entre les deux monarchies que vous cherchez à définir par des formules aussi vagues qu'elles sont fausses et arbitraires. Le respect profond que je porte à la famille royale de Claremont me persuade qu'elle répudiera la position que vous voulez lui faire, et qui consiste simplement à lui conserver toutes les chances dans la loterie des révolutions; en d'autres termes, que les princes deviennent, suivant les circonstances, les humbles citoyens de la République qui a expulsé leur père, les chefs aventureux d'une dynastie nouvelle, ou les successeurs éventuels de la monarchie des Bourbons. La famille d'Orléans ne renierait pas plus, Monsieur, son passé en s'associant dans l'exil à l'aîné de sa race, qu'elle ne le ferait si la France lui rouvrait ses portes, en marchant à la suite de sa fortune comme ses héritiers nécessaires et légitimes.

» La révolution de 1848 a fait disparaître un grand fait, que le roi Louis-Philippe invoquait si justement pour repousser la qualité d'usurpateur que ses adversaires voulaient attacher à son nom, celui de l'impérieuse nécessité qui ne laissait pas de choix, en 1830, entre l'établissement d'une monarchie nouvelle et le rétablissement de la sanglante République de 93. Elle a rendu les fils du roi et les serviteurs de sa monarchie à l'indépendance de leurs jugements, et c'est en toute liberté qu'ils sont appelés aujourd'hui à conseiller à la France de rester dans les voies de la révolution et de revenir au seul principe à l'aide duquel elle pourrait en sortir. Dans le temps où nous sommes, le plus obscur d'entre nous est obligé, à ses risques et périls, de choisir sa cause, et les princes, dont la France attend l'exemple du dévoûment, du courage et de l'abnégation, ne sauraient conserver une attitude qui exclut tous les sacrifices en leur laissant tous les bénéfices de nos luttes.

» Recevez, Monsieur, l'assurance de ma parfaite considération.

A. PAGEOT.

Metz. — Imp. de Pallez et Rousseau.